Material didáctico ∎

ASIGNATURA: TRABAJO SOCIAL CON PERSONAS EN SITUACIÓN DE DEPENDENCIA

Grado de Trabajo Social
Curso 2014-2015

Mª Ángeles Martínez Sánchez

Profesora del Dpto. de Trabajo Social y Servicios Sociales. Facultad de Trabajo Social. UGR.

Material didáctico.

ÍNDICE GENERAL

Tema 4. La diversidad funcional: el movimiento de vida independiente

4. INTRODUCCIÓN

4.1 ORIGEN Y DEFINICIÓN DE MOVIMIENTO DE VIDA INDEPENDIENTE

4.2- LA ASISTENCIA PERSONAL

4.3 PRESTACIÓN ECONÓMICA DE LA ASISTENCIA PERSONAL

4- INTRODUCCIÓN

DEFINICIONES IMPORTANTES

Discapacidad

Según la OMS es un término general que abarca las deficiencias, las limitaciones de la actividad y las restricciones de la participación. Las deficiencias son problemas que afectan a una estructura o función corporal; las limitaciones de la actividad son dificultades para ejecutar acciones o tareas, y las restricciones de la participación son problemas para participar en situaciones vitales.

- Refleja una interacción entre las características del organismo humano y las características de la sociedad en la que vive.

Según la Convención Internacional sobre los Derechos de las Personas con Discapacidad,
(...) la discapacidad es un concepto que evoluciona y que resulta de la interacción entre las personas con deficiencias y las barreras debidas a la actitud y al entorno que evitan su participación plena y efectiva en la sociedad, en igualdad de condiciones con las demás". En su artículo 1 reconoce que: "(...) las personas con discapacidad **incluyen** a aquellas que tengan **deficiencias físicas, mentales, intelectuales o sensoriales** a largo plazo que, al interactuar con diversas barreras, puedan impedir su participación plena y efectiva en la sociedad, en igualdad de condiciones con las demás".

Dependencia

El Consejo de Europa (1998) : "El estado en el que se encuentran las personas que por razones ligadas a la falta o la pérdida de autonomía física, psíquica o intelectual tienen necesidad de asistencia y/o ayudas importantes a fin de realizar los actos corrientes de la vida diaria".

El *Libro Blanco de Atención a las Personas en Situación de Dependencia en España* (2004: 22),:

"El resultado de un proceso que se inicia con la aparición de un déficit en el funcionamiento corporal como consecuencia de una enfermedad o accidente. Este déficit **comporta una limitación en la actividad.** Cuando esta limitación no puede compensarse mediante la adaptación del entorno, provoca una restricción en la participación que se concreta en la dependencia de la ayuda de otras personas para realizar las actividades de la vida cotidiana."

4.1 ORIGEN Y DEFINICIÓN DE MOVIMIENTO DE VIDA INDEPENDIENTE

Surge en Estados Unidos en la década de los 70 en la Universidad de Berkeley a través del movimiento" Programa de Estudiantes Discapacitados".
Responsable del movimiento Ed Roberts .

Se crean los Center for independent Living:

Servicios que se ofrecen:
Capacitación vida independiente
Información general
Ayuda mutua
Entrenamiento en habilidades para la vida independiente

Años 80 se crea la Red Europea del vida Independiente (European Network of Independent Living)

En España en los años 80-90 el movimiento asociativo de personas con discapacidad toma conciencia de su derecho a tener control sobre su propia existencia, a no ser discriminadas por su situación y a tener las misma oportunidades que el resto de la población sin discapacidad

En el 2001 se crea el Foro de de Vida Independiente

Aparece el término "diversidad funcional" (discapacidad).

Qué piden:

Su derecho individual y colectivo a vivir de manera activa e independiente, estando incluidos/as en la comunidad, con los apoyos humanos necesarios (Asistencia Personal)".
No asumen la institucionalización como forma de vida.

Principios sobre los que se fundamenta la filosofía de Vida Independiente:

Derechos humanos y civiles.
Autodeterminación
Empoderamiento
Auto-ayuda

Pilares en los que se fundamenta la filosofía del Movimiento:

Toda vida humana tiene un valor.
Son capaces de realizar elecciones.
Las personas con discapacidad lo son por la respuesta de la sociedad a la deficiencias
Tienen derecho a la plena participación en la sociedad.

Definición de Movimiento de Vida Independiente

- *Según la Ley 51/2003, de 2 de diciembre, de Igualdad de Oportunidades, no Discriminación y Accesibilidad Universal de las Personas con Discapacidad (LIONDAU).*
"La situación en la que la persona con discapacidad ejerce el poder de decisión sobre su propia existencia y participa activamente en la vida de su comunidad, conforme al derecho al libre desarrollo de la personalidad"

4.2- LA ASISTENCIA PERSONAL

Según el Foro de Vida Independiente, la asistencia personal *"constituye la ayuda proporcionada por un asistente personal* a una persona en situación de dependencia, para que ésta pueda realizar las tareas cotidianas que no puede realizar por sí misma, de un modo formal y regularizado. Es *un instrumento básico de empoderamiento* para personas que necesiten este apoyo, situándoles al mismo nivel que a sus conciudadanos, igualándolos en valor, en derechos y deberes. *Fomenta la autonomía personal y la independencia* frente a la dependencia social, siendo fuente de libertad y dignidad humanas. Propicia la vida de la persona en su entorno, la participación *y la inclusión social*. El ejercicio de la ciudadanía plena... "

La "asistencia personal" se reconoce como derecho en la Convención Internacional de los Derechos de las Personas con Discapacidad de la Organización de las Naciones Unidas.

Tema 4. La diversidad funcional: el movimiento de vida independiente

En el artículo 9.1 recoge la "asistencia personal" como medida de "acción positiva" para contribuir en la consecución de una "vida independiente" para las personas con gran discapacidad: así como las medidas necesarias para ello. (16)

Definición de asistencia personal según la Ley 39/2006 de 14 de diciembre, de Promoción de la Autonomía Personal y Atención a las Personas en Situación de Dependencia "El servicio prestado por un asistente personal que realiza o colabora en tareas de la vida cotidiana de una persona en situación de dependencia, de cara a fomentar su vida independiente, promoviendo y potenciando su autonomía personal".

Dicha ley reconoce la prestación económica para la contratación de la asistencia personal.

Es el Consejo Territorial del Sistema para la Autonomía y Atención a la Dependencia el órgano que establece las condiciones específicas de acceso a esta prestación.

-Recoge que es un derecho para los valorados en el Grado III de Gran Dependencia

- A partir de julio de 2012 se generaliza el derecho a todas las personas valoradas como dependientes.(Resolución de 13 de julio de 2012, de la Secretaría de Estado de Servicios Sociales e Igualdad, por la que se publica el Acuerdo del Consejo Territorial del Sistema para la Autonomía y Atención a la Dependencia para la mejora del sistema para la autonomía y atención a la dependencia)

-Regulariza las condiciones de las prestaciones (servicios, prestaciones económicas ....para la asistencia personal)

Reforma de la ley 39/2006

Real Decreto-ley 20/2012, de 13 de julio, de medidas para garantizar la estabilidad presupuestaria y de fomento de la competitividad ha supuesto la primera reforma sufrida por dicha Ley

Avances conseguidos con la reforma de la ley

-Todas las personas reconocidas como dependientes tienen derecho a la prestación económica para la asistencia personal

- Unificación de criterios en todo el territorio español

- Se eliminan los niveles de cada grado

4.3 PRESTACIÓN ECONÓMICA DE LA ASISTENCIA PERSONAL

El asistente personal es una figura que hace que una persona con diversidad funcional pueda tener el control sobre su propia vida ....(Rodríguez-Picavea y Roñañach,2006:16)

-Esta ayuda está condicionada a la aprobación de un programa individual de atención (PIA)

- Las cuantías dependen de las que haya establecidas para cada año y de la capacidad económica del beneficiario)

- Dicha cuantía se reduce si el beneficiario percibe otras prestaciones similares de protección social

-Las CCAA establecen las condiciones de acceso a la prestación (la mayoría coinciden en estos aspectos) :

       - Está destinada a cubrir los gastos de la contratación de un asistente personal

Tema 4. La diversidad funcional: el movimiento de vida independiente

- Las personas que tienen derecho a percibirla son las que son   valoradas como dependientes y tienen capacidad para decidir sobre los   servicios que requieran

- El asistente personal debe firmar un contrato con la persona   beneficiaria / con la empresa prestadora de servicios)

- El asistente personal reunirá una serie de requisitos: edad, estar dado   de alta en Seguridad Social, formación...

Bibliografía:
Asistencia personal: herramienta para una vida independiente. Situación actual
Mercedes López Pérez, Susana Ruiz Seisdedos
Aposta: Revista de ciencias sociales, ISSN-e 1696-7348, Nº. 59, 2013, 33 págs.

http://ovibcn.org/category/noticias/

http://www.juntadeandalucia.es/organismos/igualdadsaludypoliticassociales/areas/depen dencia/prestaciones/paginas/asistencia-personal.html

1. Intervención psicosocial en la vejez: de la teoría de la desviación al paradigma del envejecimiento activo.

2. Perfiles de las personas mayores y necesidades de atención.

3. Innovación asistencia: un objetivo permanente.

4.Perspectivas de futuro.

Tema 5. PERSONAS MAYORES Y ENVEJECIMIENTO ACTIVO.

1. INTERVENCIÓN PSICOSOCIAL EN LA VEJEZ: DE LA TEORÍA DE LA DESVIACIÓN AL PARADIGMA DEL ENVEJECIMIENTO ACTIVO.

Dos de las grandes transformaciones sociales ocurridas en el último cuarto del siglo XX en España están relacionadas con el aumento de la participación social de las mujeres y el envejecimiento de la población.

Retos en el ámbito socio-económico:la cobertura de las situaciones de cronicidad y dependencia mediante un sistema de cuidados de larga duración.

Se presentan nuevas demandas y necesidades que requieren un abordaje coordinado por los distintos niveles asistenciales y una mejor comprensión de la vejez como fenómeno psicosocial.

Tema 5. PERSONAS MAYORES Y ENVEJECIMIENTO ACTIVO.

Las nuevas teorías sobre el envejecimiento introducen el conceptos como el rol social, su autoestima o satisfacción con la vida:

Teoría de la desvinculación . Cumming y Henry (1961) durante el proceso de envejecimiento las personas experimentan una separación gradual de la sociedad, un decrecimiento de la interacción entre la persona y su medio.

Teoría de la actividad. Havighurst en 1961 y desarrollada en los años 90 por Neugarten y Hagestad . Asegura que cuantas más actividades se realizan, más posibilidades se tiene de estar satisfecho con la vida.

Envejecimiento Activo se fundamenta en la capacidad de las personas de aprovechar las oportunidades de salud, participación y seguridad con el fin de mejorar su calidad de vida a medida que envejecen

Tema 5. PERSONAS MAYORES Y ENVEJECIMIENTO ACTIVO.

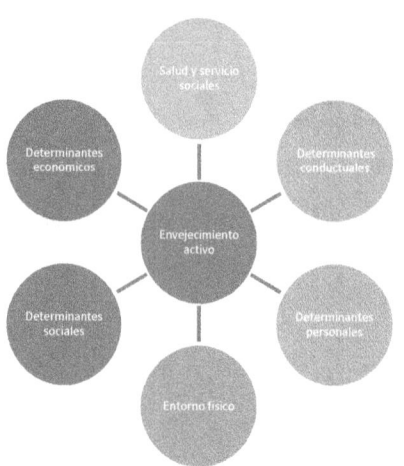

En los casos de personas dependientes y con varias enfermedades crónicas los servicios residenciales y comunitarios ofrecen al individuo programas terapéuticos y actividades para mantener su bienestar

En la mayoría de centros de atención social se ha implantado un modelo de atención basado en la promoción de la salud y envejecimiento activo. Este enfoque requiere implantar un modelo de atención integral que se ve reforzado por tres perspectivas

1. *Enfoque biopsicosocial* .George Engel en 1977. La salud no es un producto, ni un estado, sino un proceso multidimensional en el cual interactúan permanentemente sistemas biológicos, psicológicos, sociales, culturales, familiares, ambientales. CAMBIA.
Así, la labor de los profesionales se modifica hacia el cuidado de la salud

2. *Atención centrada en la persona* La persona participa en los procesos asistenciales, los profesionales se encargan de proporcional los apoyos posibilitando su rol activo.

Tema 5. PERSONAS MAYORES Y ENVEJECIMIENTO ACTIVO.

3. Enfoque ético de la atención. La atención a personas vulnerables tiene un sustrato ético que no se puede olvidar en la praxis y que se fundamenta en cuatro principios: el principio de dignidad, el de autonomía, el de integridad y el de vulnerabilidad.

2. PERFILES DE LAS PERSONAS MAYORES Y NECESIDADES DE ATENCIÓN.

El aumento del número de **personas mayores** (pm) en España ha sido progresivo

Año 2012   8.221.047 pm 17.4% de la población

Año 2049   31,9% de la población

Personas octogenarias

Año 2012   2.491.700 personas , 5,3% de la población

Año 2049   11,8 % de la población , 5.644.340 personas

Tema 5. PERSONAS MAYORES Y ENVEJECIMIENTO ACTIVO.

- Más mujeres   35%

- Esperanza de vida al nacer: 82 años

    Mujeres 84,9 años

    Hombres 78,9 años

- Buen estado de salud que ha ido creciendo de forma progresiva debido a las inversiones en políticas públicas sanitarias y bienestar social

-Reducción de morbilidad hospitalaria infantil y joven (34años)

-Aumento de la morbilidad hospitalaria en pm con estancias más largas

- El 83,75 % de las personas que fallecen son mayores

Tema 5. PERSONAS MAYORES Y ENVEJECIMIENTO ACTIVO.

-Ha mejorado su situación económica

- Incremento de los hogares unipersonales

- El 53% de los mayores inician actividades

- Desean mantenerse autónomos, vivir en casa y mantener fuertes relaciones familiares

- El 70% ayudan con el cuidado de los nietos/as

Distinguimos entonces entre vejez autónoma y los viejos de los viejos

- Aumento del número de personas mayores que viven en residencias sobre todo de personas mayores de 85 años

Tema 5. PERSONAS MAYORES Y ENVEJECIMIENTO ACTIVO.

Necesidades de atención según una muestra de población de 49 centros residenciales SARquavitae en todas las CCAA

Muestra:

12.989 en 2010,
12.622 en 2011
12.272 durante el primer semestre de 2012

Los **residentes provienen principalmente** de dispositivos sanitarios:

-Suelen estar una media de menos de 12 meses en el centro residencial

-Cuando producen alta en los centros unos vuelven a su hogar (42%)

- Otros se marchan a otros centros residenciales (31%)

- Otros causan alta en un centro hospitalario (7%)

- Solo el 2% deja el centro por otras causas.

Tema 5. PERSONAS MAYORES Y ENVEJECIMIENTO ACTIVO.

-La mayoría son mujeres entre 75 y 94 años con deterioro cognitivo (Alzheimer)

-**Nivel de dependencia:** el 60% de las personas, usuarias de SARquavitae tienen un grado 2ª y 3 de dependencia y que les sirve para poder elaborar un plan de atención integral que responda a las necesidades planteadas.

-**Nivel de carga asistencial:**

-Elevados niveles de continencia vesical. Puesta en marcha de programas de reeducación de la vejiga

- Número de fármacos prescritos y los planes de cuidados por persona. La actividad terapéutica varía en función de las necesidades de los residentes. Se demuestra una gran actividad rehabilitadora y de mantenimiento .

Tema 5. PERSONAS MAYORES Y ENVEJECIMIENTO ACTIVO.

-Las terapias psicológicas dirigidas a los usuarios con mayor deterioro psicológico
.

- Planes de ocio, la mayoría de la población (50%) disfrutan de ellos

3. INNOVACIÓN ASISTENCIAL: UN OBJETIVO PERMANENTE

Las acciones orientadas a impulsar el envejecimiento activo son diversas y de distinta índole y se pueden clasificar en distintas áreas: terapias cognitivas y funcionales, actividades de ocio, actividades comunitarias y formativas.

PROYECTOS

Proyecto de circuito biosaludable: promover y motivar las relaciones sociales a través del deporte .

PROYECTOS PARA PERSONAS EN SITUACIÓN DE DEPENDENCIA

Proyecto de mejora de la condición física a través de la Wii Sports: favorece la participación y el cuidado de la salud. Permite la competición intercentros.

El cine como herramienta de integración en centros residenciales: rodar cortometrajes para integrar a personas   con   o   sin deterioro cognitivo y /o limitaciones funcionales

Tema 5. PERSONAS MAYORES Y ENVEJECIMIENTO ACTIVO.

Proyecto de envejecimiento activo y solidaridad intergeneracional

Promoción de la salud: Aquagym, yoga...

Intergeneracionales; Visita a guarderías y realización de actividades conjuntas.

Actividades recreativas: senderismo, salidas culturales, bailoterapia

Actividades educativas: Talleres, charlas sobre envejecimiento activo.

Voluntariado: Acompañamiento a nuevos ingresos y visitas a encamados.

4.PERSPECTIVAS DE FUTURO

Futuro desarrollo del sector de atención residencial fundamentalmente por :

- La población envejece
- porque el sistema sanitario y social actual no es sostenible.

Claves para conseguir este objetivo y conseguir situar el envejecimiento activo en la agenda de los dispositivos de atención social:

- Reconocimiento de su labor sanitaria y social

- Establecimiento de mecanismos de coordinación con los recursos en el territorio

- Integración en el entorno comunitario donde están ubicados.

- Especialización de los centros

Los centros deben abrirse a la comunidad y ofrecer servicios de ocio, bienestar y relación a personas que viven en su domicilio.

La innovación asistencial está directamente relacionada con tener organizaciones y profesionales competentes y comprometidos capaces de diseñar nuevos programas y evaluar resultados obtenidos

Bibliografía:

Ancizu García, I. & Fontanals de Nadal, D. (2012). Envejecimiento activo y dependencia: retos actuales y futuros de la atención en centros residenciales. *Revista de servicios sociales y política social, Nº. 99, pp. 63-78*. ISSN: 1130-7633.

TEMA 6º.   PERSONAS CUIDADORAS. EL APOYO INFORMAL.

INTRODUCCIÓN

El cuidado de la persona enferma o dependiente dentro de una familia se asume como algo natural: afecto y cariño

Las políticas se basan en la permanencia de estas personas el mayor tiempo posible en el hogar: evita la ruptura con su entorno, y la pérdida de inserción social

Estas políticas ofrecen unos servicios y ayudas insuficientes

Este estudio se centra: en las figuras de los cuidadores principales,

Algunas investigaciones tienen como resultado que el nivel de estrés influye en su salud física y mental, afectando también a las relaciones sociales, actividades de ocio, intimidad, sueño, bienestar económico y, por lo tanto, a su capacidad para proporcionar los cuidados adecuadamente (Izal, Montorio et al op. cit., 2001: 23-40).

TEMA 6º.   PERSONAS CUIDADORAS. EL APOYO INFORMAL.

Las personas cuidadores/as son mayoritariamente mujeres que realiza labores de ama de casa, normalmente casada y que además de ocuparse del cuidado de su familia, tiene la responsabilidad principal de atención de una persona dependiente y con la que tiene una relación de hija (50%) o esposa o compañera (12%) (Boletín sobre el envejecimiento, 2008).

EL CUIDADO INFORMAL

Definición:

Es la atención no remunerada que se presta a las personas con algún tipo de dependencia psicofísica por parte de los miembros de la familia u otros sujetos sin otro lazo de unión ni de obligación con la persona dependiente que no sea el de la amistad o el de la buena vecindad. Rivera (2001)

Según un estudio del Centro de Investigaciones Sociológicas (IMSERSO, 1995) los cuidados informales representa el 2% de la ayuda

Definición de cuidador/a principal

Entendemos por cuidador/a principal a la persona del hogar que se encarga habitualmente de cuidar la salud de las personas dependientes, sin recibir Retribución económica a cambio (Wright, 1983).

Características del cuidado informal:

- se basa en relaciones afectivas y de parentesco
- pertenece al terreno de lo privado
- se desarrolla en el ámbito doméstico
- incluye atención personal e instrumental, vigilancia y acompañamiento, cuidados sanitarios, y la gestión y relación con los servicios sanitarios.

TEMA 6º. PERSONAS CUIDADORAS. EL APOYO INFORMAL.

INVESTIGACIÓN

Análisis de la situación de los cuidadores/as principales de enfermos con espina Bífida que tienen lesiones altas, superiores a L2.

La médula espinal no se desarrolla con normalidad, teniendo como consecuencia diferentes grados de lesión en la médula espinal y el sistema nervioso.

provoca : distintos grados de parálisis

pérdida de sensibilidad en las extremidades inferiores,

diversas complicaciones en las funciones intestinales y urinarias

El objetivo principal de artículo: conocer y describir la situación de los cuidadores/as principales de personas afectadas de espina bífida entre los 18 y los 65 años, y el impacto que este hecho tiene en diferentes ámbitos de sus vidas, en el ámbito de la Asociación Murciana de Padres e Hijos con Espina bífida

objetivos específicos

1. Analizar las motivaciones para el cuidado que subyacen en el proceso de cuidar de los cuidadores/ as de afectados de espina bífida.

2. Identificar las necesidades del cuidador/a para mantener un cuidado sostenible dentro del núcleo familiar.

3. Describir las repercusiones que el acto de cuidar tiene sobre los cuidadores/as de este tipo de personas.

4. Identificar los perfiles de cuidadores/as de personas dependientes con espina bífida.

TEMA 6º.   PERSONAS CUIDADORAS. EL APOYO INFORMAL.

Metodología

Cualitativa: grupo de discusión y entrevista.

Resultados del grupo de discusión

-Las mujeres son las cuidadoras principales

- Muchas mujeres han tenido que abandonar su trabajo y las que lo hacen tienen serias dificultades para compaginar las dos cosas.

- Las que han dejado el trabajo hablan de que tienen   dificultades económicas

- Las que se dedican a las tareas del hogar, hablan de las dificultades para poder acceder a un empleo.

- diferencias del uso del tiempo libre antes y después de cuidar a un dependiente

-Las mujeres   afirmaron recibir algún tipo de apoyo moral y de acompañamiento por parte de la familia y amigos

- Respecto a las tareas que realiza el cuidador/a Principal: sondar, cambiarles de silla, bañarlos, vestirlos, llevarlos al médico, darles la medicación, realizarle curas, ejercicios de fisioterapia, trabajar la memoria, etc

TEMA 6º. PERSONAS CUIDADORAS. EL APOYO INFORMAL.

- En cuanto a la salud de la cuidadora principal, el cuidado de   personas dependientes afecta a la salud física y psíquica.

Resultados de la encuesta

- Todos los cuidadores/as son mujeres, la mayoría con edades ente los 31 y 40 años (un 36%), y entre los 41-50 años (27%). Un 98% son mujeres casadas y el resto separadas o divorciadas

- Nivel de estudios bastante bajo (primarios y sin estudios). La   mayoría no ejerce un trabajo remunerado

- La mayoría tienen una sobrecarga familiar

- Respecto a la autopercepción de su salud: ninguna de ellas consideran que tiene buen o muy buen estado de salud (enfermedades de los huesos y las articulaciones como la ciática o de problemas osteoarticulares como la artrosis y osteoporosis)

- Respecto a los problemas psicológicos: de baja autoestima y una gran autoexigencia: el 8% de las personas encuestadas tenían depresión, pero tan sólo tres de ellas están diagnosticadas y reciben medicación.

- Se percibe un abuso en el consumo de fármacos como antiinflamatorios y analgésicos . Uso también en menor medida de psicotrópicos

- En el 70% de los casos hay una disfunción familiar leve
(divorciadas o separadas)

- Respecto a las ayudas: Ninguna mujer recibe ayuda familiar para el cuidado cotidiano de la persona dependiente, el 95% de las cuidadoras no comparten las tareas domésticas y el 5% restante recibe algún tipo de ayuda familiar para ir a la compra, hacer recados, la comida, arreglar la casa, fregar, etc., estas ayudas son prestadas en el 85% por el cónyuge, el 8% por los hijos, y el resto por otros familiares como hermanas o cuñadas.

- Respecto a las ayudas económicas, el 14% de las familias perciben algún tipo de ayuda por parte de la   administración(ayuda   por minusvalía), y solo una persona está   percibiendo por su hijo una ayuda derivada de la Ley de   Promoción de la Autonomía personal y Atención a las   Personas en Situación de Dependencia. La mayoría de las cuidadoras se queja (un 78%), de la *lentitud de la gestión administrativa* en este tipo de ayudas.

CONCLUSIÓN

- El perfil del cuidador/a principal, es una mujer con edades comprendidas entre los 31-50 años, casada, con un nivel de estudios bajo y madre de la persona dependiente

- Fundamentalmente es la familia la que se encarga de proveer de cuidados al familiar dependiente

- En la cuidadora se producen una serie de cambios en sus vidas a nivel personal, familiar, laboral y social; hasta repercusiones negativas en su salud física y psicológica. "síndrome de cuidador. La percepción de su propia salud es mala.

- En muchos casos la situación económica es mala (se reducen los ingresos al dejar de trabajar y aumentan los gastos por los problemas de salud de la persona dependiente)

El impacto de los cuidados:

- Cambios en la vida familiar

- Problemas físicos y Psíquicos

- Deseo de mantener a las personas dependientes en el hogar aunque las condiciones en las que se desarrolla la atención *y la provisión de   cuidados   necesita   ser   reestructurada* para atender a las necesidades   de   las   cuidadoras   y   mantener   un cuidado sostenible dentro del hogar

- hay que reducir las desigualdades de género para un cuidado sostenible.

- Tanto el cuidador primario como su familia, deben contar con el apoyo, ayuda, preparación y formación

Hemos avanzado con La Ley 39/2006 de 14 de diciembre, de Promoción de la Autonomía Personal y Atención a las Personas en Situación de Dependencia, ha disparado las demandas de servicios de ayuda a domicilio, residencias, centros de día, etc. El objetivo es disminuir la carga de trabajo y de tiempo de las personas cuidadoras a través de la oferta de servicios y programas (la atención domiciliaria, los centros de día y de noche, programas de información, formación y periodos de descanso, entre otros).

Bibliografía : Cambios en los estilos de vida de las cuidadoras de personas dependientes

Ester Bódalo Lozano

Portularia: Revista de Trabajo Social, ISSN 1578-0236, Vol. 10, 1, 2010, págs. 85-97

ÍNDICE

1. ANÁLISIS DE LA EVOLUCIÓN DEL SISTEMA DE AUTONOMÍA Y ATENCIÓN A LA DEPEDENCIA (SAAD) EN ESPAÑA

2. VALORACIÓN POR COMUNIDADES AUTÓNOMAS

1. ANÁLISIS DE LA EVOLUCIÓN DEL SISTEMA DE AUTONOMÍA Y ATENCIÓN A LA DEPEDENCIA (SAAD) EN ESPAÑA

Datos recogidos en este informe:

-Datos oficiales aportados al sistema SAAD por las CCAA y que son publicados mensualmente a través del IMSERSO.

- En este caso datos evolución segundo semestre año 2008 a 1 enero de 2011:

    -Personas solicitantes y su evolución mensual

    - Persona valoradas (con grado y nivel) acumuladas

    - Personas con grado y nivel suficiente para ser titulares de derechos de acuerdo a l calendario establecido por la Ley

El limbo de la dependencia

Año 2010

Casi 250.000 personas tienen reconocido un grado y nivel que les da derecho a recibir las prestaciones y servicios del Sistema, pero aún no se les ha aprobado el PIA que les permite recibir de manera efectiva estos servicios o prestaciones.

No se han incorporado al Sistema nuevos grados y niveles y tampoco se ha reducido este limbo.

En enero de 2011 se incorporan al Sistema los dependientes moderados, 140.000 personas más (total 350.000)

RESULTADO: muchas de estas personas, por su edad o circunstancias, tienen una esperanza de vida que hará irrecuperable el tiempo en el que está retrasándose la percepción del servicio o prestación al que tienen derecho.

Canarias, y la Comunidad Valenciana, son las regiones más afectadas por esta situación

Navarra, Cantabria, La Rioja, Castilla y León donde hay menos personas afectadas por esta situación

Modelo de financiación

Desequilibrio entre lo que aporta la Administración General del Estado (34%) y las CCAA (52%) y copago de usuarios (14%)

Desequilibrio entre CCAA:

Aportación de la Administración General del Estado en la Rioja en 2010, 183 € por habitante en atención a la Dependencia

Aportación de la Administración General del Estado en Canarias en el mismo año 32€

Coste Medio del Estado está en 102€

Detrás de esta diferencia está :
el número de personas atendidas,
el contenido e intensidad de las prestaciones o servicios que
reciben.

Para evitar estos desequilibrios:

Propuesta de la asociación de **Directores y Gerentes de Servicios Sociales**

"que la financiación se determine en función del coste efectivo de los Servicios y Prestaciones Económicas que se proporcionan. "

Sobredimensionamiento de la prestación económica de cuidados en el entorno familiar y cuidadores no profesional

- La recibe casi el 58% de los beneficiarios del Sistema. Y después de cuatro años, la tendencia continúa siendo creciente

- 377.787 personas reciben esta prestación frente a sólo 90.912 que reciben servicios profesionalizados de Ayuda a Domicilio, o 44.810 en Centros de Día.

- En la Comunidad de Murcia, el 83,4% de personas dependientes reciben la prestación de cuidados en el entorno familiar y cuidadores no profesionales

- Escaso seguimiento por las Administraciones por lo que no hay garantía de que se esté atendiendo correctamente

Escasa creación de empleo

Falta de transparencia informativa

deficiencias del Sistema de Información oficial del SAAD, así como el incumplimiento de los acuerdos en esta materia por el Consejo Territorial, según los cuales en julio de 2010

2. VALORACIÓN POR CC.AA

Al finalizar 2010,

Castilla-La Mancha, Castilla y León, País Vasco y Aragón son las que mejor atención prestan a los dependientes

Canarias , Madrid y Comunidad Valenciana, no aplican las prestaciones y servicios que esta Ley contempla.

Mejoran en su aplicación Extremadura y Murcia

Empeora en su aplicación Asturias

¿Qué tipo de servicio y prestación se está entregando a los titulares de los derechos?

-*Se* ha producido un abuso con la Prestación Económica por Cuidados en el Entorno Familiar (PECEF) concebía, en un principio, como algo extraordinario.

Causas de prevalencia de las PECEF

-La expectativa generada en gran parte de la ciudadanía era la de una "paga" por dependencia.

- La red de SERVICIOS es numéricamente insuficiente para atender a la demanda.

- Las personas dependientes prefieren permanecer en sus domicilios y ser atendidos por sus familiares a esto se une al escasísimo desarrollo que han tenido los servicios de proximidad (Ayuda a domicilio / Centros de día)

- Menor coste de la prestación económica por cuidados en entorno familiar (410 €/mes,)

- la Ley no otorgó capacidad de prescripción facultativa al dictamen profesional y la decisión última descansa en los usuarios.

- El copago es un elemento que ha desincentivado claramente la elección de los servicios frente a las prestaciones económicas

Efectos de las prestaciones económicas para cuidados en el entorno familar :

Efectos negativos :

-sobre las personas dependientes,
- sobre sus familiares,
- sobre la equidad de género,
- sobre el sistema de servicios sociales,
- sobre las empresas del sector
- sobre la sociedad en su conjunto

Servicios infrautilizados y por desarrollar:

- la Prestación por Asistencia Personal que es verdaderamente excepcional (0,1% sobre el total). Costes elevados.

- La Promoción de la Autonomía y Prevención. Servicios complementarios . Ni se ha definido ni se ha planteado su financiación.

Conclusión

-Los servicios residenciales han tocado techo.

- Los servicios de proximidad –con carácter general– no se han desarrollado.(Ayuda a domicilio y Centro de Día)

- Las prestaciones económicas por cuidados en el entorno familiar continúan su ascenso

La ley de dependencia no ha cumplido las expectativas en creación de empleo

Esta situación puede causar efectos perjudiciales en diferentes ámbitos

- No se genera el empleo previsto para el sector de los servicios personales

- Se perpetúa el papel de "cuidadora" de la mujer española

- La prevalencia de las PECEF hace que no se disminuya en absoluto la factura sanitaria

Bibliografía

Impacto de la Ley de la Dependencia en los Servicios Sociales Generales
José Manuel Ramírez Navarro
TS nova: trabajo social y servicios sociales, ISSN 2171-6005, Nº. 3, 2011, págs. 21-36